Antropías

(2005 - 2015)

Antropías

José Orlando Sued

Luscinia C.E.

© José Orlando Sued
Editorial Luscinia C.E.
San Juan, Puerto Rico
2015

@ lusciniace@gmail.com
https://www.facebook.com/luscinia.ce

Edición de texto: Lorna Polo-Alvarado, Luz Nereida Lebrón Delgado, René Rodríguez-Ramírez, Sarah C. Rivera Blanco y Sylvia Casillas Olivieri

Diseño de portada: José Orlando Sued

Foto de portada: José Orlando Sued

Los escritos que componen este libro fueron una selección de trabajos extraídos de los manuscritos *Terrorismo estético* (2005-2009) *Misivas para las piedras* (2009-2013) y otros poemas sueltos (2013 - 2015).

ISBN: 978-1-944352-01-1

Prohibida la reproducción parcial o total de esta obra, tanto en formato impreso como digital, sin el consentimiento escrito del autor.

Índice

Agradecimientos vii
Dedicatoria ix
Epígrafe xi

I. Bocetos

1. Espejo de sombras 1
2. Conversando con tu silencio 2
3. Tiestos 3
4. Parpadeo 5
5. Un día como cualquiera 7
6. Antropías 10
7. En el fondo de un caño 12
8. Entender 14
9. Escondite 15
10. Lloréns 16
11. La letra H 19
12. Se pregunta 20
13. Cuatro gatos 21
14. La voz del servicarro 23
15. Historicidad 24
16. Tres a.m. 26
17. Credo 27
18. Al margen del silencio 28
19. V.I.P. 30
20. Personas 32
21. Caja de recuerdos 33
22. Vitrinas 35
23. Voy a escribir 38
24. Portátil 40

II. Contrato

25. Fuerza de gravedad 43
26. Róbame una palabra 44

27. Alas de viento 46
28. Miradas de porcelana 47
29. Huellas 48
30. Tu firma 49
31. Evidencia 50
32. Reloj de arena mojada 52
33. Biblioteca 54
34. Batalla 55
35. En nombre del silencio 58
36. Podría escribirte un poema de amor 59
37. Las ruinas civilizadas 62
38. Ruiseñor 63
39. Siembra... 64
40. Maquillaje 65
41. Luna 67
42. A cuatro pasos 68
43. Olor a sed 69
44. Mirada a contra piel 70
45. Contrato 71

Agradecimientos

A vos

Para vos

*...desde entonces comprendió
que las personas preferían estar alegres
sin saber el por qué
a estar molestas a conciencia.*

JAOS

Bocetos

Espejo de sombras

Se supone que mire mi entorno
y como un buen poeta apalabrado,
haga un informe detallado
de todo aquello que me rodea.

Ese sería el preámbulo para anunciar tu ausencia
y comenzar a amueblar la reminiscencia ingrávida
de un te amo protocolar.

Ya en ese punto optaría por conjugar
palabras revestidas de gestos fugaces
con causales paradójicas
disfrazadas de destino.

De la nada le pondría final a mi escrito
con rótulos direccionales que opaquen el vacío
de la típica frase interrogativa de clausura.

Relecría varias veces mi obra
y cuando al fin quede satisfecho
con el espejo que he creado,
besaría los ojos de aquel ciego,
me ataría a su cuerpo,
y volvería a matarlo.

Conversando con tu silencio

COMIENZO conversando con tu silencio.
Tragándome palabras
con las que me atacarías.
Recorriendo las grietas de tu espejo,
aún sabiendo ellas me asfixian.

Tratando de hallar a tu enemigo
encuentro un vacío que te llena.
Encuentro a un ateo que se persigna
frente a una Biblia en una hoguera.

Esta historia me resulta demasiado conocida
y la protagonista me recuerda
que siempre ando en busca de unas buenas ruinas
que me permitan
poder seguir jugando a ser poeta.

Tiestos

ÉRASE un jardín de tiestos
llamado Tierra.
Cada cual era un país,
es decir,
una frontera.

La lluvia era escasa,
apenas daba para mojarse,
y el responsable en proveerla
casi siempre llegaba tarde.

Regaba el Mundo sin percatarse
que no todos recibían la misma agua.
Por eso algunas plantas solían secarse
y otras morían ahogadas.

Los tiestos eran de un barro
demasiado denso para poder ser roto
por las raíces de alguna planta
que solo fuese un retoño.

Ningún jarro contaba
con el tamaño necesario
para que alguna semilla pudiese alcanzar
dimensión de árbol.

En ese mundo brillaban por igual
la luz del Sol, de los carros y las torres.
Por eso las plantas no sabían a dónde mirar
y se perdían entre espejos, flashes y relojes.

Un sauce llorón murió estrangulado
cuando sus raíces se enredaron en un fondo sin salida,
un árbol de roble blanco se ahogó disecado
cuando tuvo que beber de sus propias heridas
y un almendro pereció desangrado
tratando de taladrar reflejos que no le pertenecían.

Supondrán entonces
que la pregunta de todos debería ser la misma:
¿Cómo rompemos el tiesto?
Pero la verdad es que nadie sabía
que existía algo llamado suelo.
La verdad es que no había tierra,
sino cemento,
¡Aunque sí,
existían grietas
producto del forcejeo!
Pero nadie podía verlas
porque no tenían forma
de tiesto…

P.D. Tal vez no quede tanto
por salvar,
pero sí queda mucho
por sembrar…

Parpadeo

SE clonan diez segundos
sin instantes,
se inflan y desinflan
con un bocinazo,
se pegan un tiro hollywoodense,
reciclan a un héroe
y a un villano.

Una cuneta sanjuanera
con ínfulas venecianas
y en la brea
una chapa fosilizada,
funge de alfombra roja
y de coartada
adoptando cara de Biblia,
marca millas y panacea.

Un motín se derrumba
en la penumbra
de un ponchador
y una botella de cerveza
que barajea una gota "sexy"
nos lava las manos
con tiempo enlatado
en un despertador
y con el calentón vacío
de un mofle travesti.

Un taladro de construcción
redefine el Do Re Mi Fa Sol
y un nido de palomas
se desploma
de un faro fundido.
Un "corte de pastelillo"
mata una musa
en peligro de extinción
y un cambio de luz
desmiembra los instintos.

Un parpadeo involuntario
producto de la nada
y del polvo
exhala escalofríos
amarrados con migajas.
Cada palabra es un recuento
que disfraza los escombros
y cada tumulto es un refugio
a prueba de miradas.

Un día como cualquiera

SE despierta insipiente,
subyugado, sin mañana,
en esta vida urbana, pasajera,
sin "tal vez" y sin coartada
frente a un algo que cuestiona: ¿Qué te queda?

Despertarse.
Punto muerto entre el autómata y ¿quién sabe?,
un derrame que sus pasos atropellan,
un reloj de tiempo seco lleno de aire,
un mesías que mendiga en las calles,
por los mitos que construyen su miseria.

Un mañana postergado,
agrietado por la copa que se vira.
Una fuente seca llena de monedas,
sus palabras que aterrizan en la nada,
un desierto enmarcando mil miradas,
los bolsillos que se tragan su miseria,
un columpio roto, una sed reescrita,
pasa todo, se derrama
y el silencio nuevamente lo visita.

Se fragmenta,
frente a un semáforo que pende de su asfixia,
ante un rebaño de preguntas que lo miran.
Flagelado por significados huecos
que aún se escuchan porque viven de su eco.

Se detiene,
y comienza a caminar sin rumbo fijo
sobre dogmas que desgastan su destino.
Se tropieza un ¿por qué? aletargado
que temió ser poco y aspiró ser demasiado.

La penumbra,
nace endeble, en do menor, endurecida
y se estruja
arañando su sonrisa.
Un reloj por balsa y por remo las agujas,
su horizonte se arrodilla, su naufragio lo inunda,
atornilla pétalos de sangre a su orilla,
la marea se los traga y lo derrota.

Deshojado,
carcomido por la sed que le fatiga,
por la lucha que le aguarda casi en ruinas,
por la sombra de un dogma social perenne
que se incuba y fermenta su inconsciente.
Es un sacrilegio en llamas taladrando alcantarillas
de quien yace y se deshace sepultado de rodillas.

Un colapso,
se sienta, se arrincona, se desata,
marejadas que desgarran el ocaso,
penumbra endurecida "desvencida" rabiosa
que rompe la rendija y ve tantas sombras
ancladas a andamiajes enfermizos
que alimentan su existencia con sus vicios.

Se conforma,
con el frío urbanismo que le inspira,
que da forma e implota su utopía.
Juega el juego de lo absurdo, lo ficticio
tempestad silente, rótulos vacíos.
Se defiende ante algoritmos que le acusan cuestionando:
¿Para qué fundar deseos que despiertan desangrados?

Porque debo,
porque no seré uno de ellos,
porque el aire está pesado, es ajeno,
porque ya no hay marcha atrás ni letanía,
porque odio que me digan todavía.
Porque el mito en la cruz
fue espejismo de altamar,
ya no pienso mendigar,
ya no quiero otro juicio
porque suelo ser más libre,
mientras menos necesito.

Antropías

NUESTRA distancia
engendrada por agendas mortuorias;
por exiguas carcomas
y espurias sombras
bordadas de pausas,
acaricia nuestro reflejo
y lo encierra en una gota
carroñosamente destilada.

Nuestra antropía estilizada
nace de cajas vacías
que cuadriculan la vida,
ajedrezan anarquías
y peonizan la nada.

La mirada plagia espejos;
vierte deseos indecibles
que aquincallan.
Arquetipos pos-sublimes
profanan lo incierto
sembrando los cimientos
de un libertinaje carcelario.

Así nace un preámbulo.
Un hito que ametralla
lo humano,
revierte suspiros,
coagula tardes
y diseca aforismos
convertidos en nadie.

Ya no puede engañarse
ni aferrarse a miradas penetrantes
con hambre miope
e incólume gula.
La ignorancia es drenaje,
la utopía está de compras.

En el fondo de un caño

ALLÁ en el fondo de un caño
tapado por gomas de carro,
"gallinas de palo"
y neveras,
un negrito se busca,
y se desencuentra.

Las estrellas se acuestan
sobre latas.
Bolsas con agua
que penden de ramas
de mangle
espantan las moscas,
mas no los majes.

Un coquí desentona
ante una acústica de humo,
una palabra ronca
hace ayuno
sobre un espejo roto
y un hombre de carne y eco
muere absorto.

Todo es rutina,
algunos dirían "decorativo".
Un espejismo de cuneta vacía
toca un himno,
podría decirse que desafina,
mas no hace ruido.

Una jeringa,
traga polen
de margaritas
y luego escupe.
Un catador de bolsas de basura
se sepulta en sus temores.
Un poeta mira,
se-co(n)-funde
y observa a un hombre
ser-cenado.

Entender

Se desprendió de la vida
mientras la miraba.
Sin dejar de observarme
se fue.
Todo su peso
cayó sobre su espalda.
No hubo últimas
palabras.
No hubo nada.
Así que, por favor,
deja de entender…

Escondite

I

COMO toda explosión
que se consume...
cada gota que construye
el mapa impresionista
en el que a simple vista
juegas,
no es más que una ausencia
alquimista
que cauteriza tus vendas.

II

Sonreír es un efecto secundario;
morder labios
un cliché;
la fe
un ajedrez binario
que cual canibalismo
vegetariano
se contradice al nacer.

Debes saber...
que como todo origen y final
que optó por enjuiciar
las coordenadas
sin margen,
existe la pequeña
posibilidad
de que al jugar al escondite
no tengas que ocultarte.

Lloréns

Cuando salí de Collores
fue en una jaquita baya
por un sendero de mayas
arropás de cundeamores...

Luis Lloréns Torres

CUANDO salí aquella noche
fue en una escúter prestada
por entre un chorro de guardias
que velaban los portones.
Adiós controles de acceso,
verjas, focos de presidio
y las noches en corillo
las peleas con mis viejos
y mi firma en el cemento
y el grafiti en mi edificio.

Qué gran alivio el que sentí
cuando mandé pal' carajo
el conformismo heredado
por esa vida entre ruinas.
Mas siento melancolía
por eso que dejo atrás,
por la falta de libertad
que extraño y combato a muerte
y el silencio indiferente
que me obligó a madurar.

En la nueva urbanización
había control de acceso
mas yo pagaba por ello
con la promesa y convicción
de que la protección de Dios
en sí no era suficiente.
Hoy me repito mil veces
de quién es quien me protejo
de la soledad, del miedo
o lo hago de mi gente.

Comencé a ver diferente
todo lo que me rodeaba
al grafiti, a los panas
a los viejos, a la muerte
y apostándole a la suerte
compré una prisión de oro
y ahí es donde escondo
esa vergüenza de saber
que aquello que abandoné
no era solo un mal negocio.

Me olvidé de casi todo
rodeado de multitudes
y risas cual ataúdes
me llevaron hasta el fondo.
Y ahí, acompañado y solo
lleno de cosas vacías
que compraban alegría
y alquilaban mi conciencia
comprendí que mi impotencia
no era más que cobardía.

Esa gloria es sueño vano
y el placer, tan sólo viento
y la riqueza, tormento
y el poder, hosco gusano.

Hoy regreso a mi barrio
ya cansado de esconderme
sin complejos que me cieguen
con heridas que me guían,
la lección está aprendida
mi conciencia no se vende.

La letra H

ORGANIZABA su soledad en orden alfabético…
Le adjudicaba nombres a los silencios
y grapaba al margen de ellos
definiciones de diccionario.

Era estructurado…
Coleccionaba títulos que compendiaban
esas miradas altisonantes
a prueba de explicación.

Su concepción de calendario
le agregaba un día a la semana
y le restaba tres punto cuatro horas
a cada día…

Su apatía por la letra H
nacía del escepticismo de tener que definir
las palabras: hola, hermosa, héroe, horizonte,
historia, hipocresía, hecho, huella, hoy y hallar…

Nunca supo visualizar el por qué sin signo de pregunta,
cada una de sus dudas carecían de esperanza
y la única vez que pude invitarle una copa me dijo:
"Las grietas del alma no son grietas…ni están en el alma"

Se pregunta

SENTADO en el mismo lugar de siempre
y usando de referente
las fronteras de su tacto
se pregunta,
por qué ese anciano
nunca falta a su cita de las 5:30
con las palomas.

Se pregunta
y sin embargo aún no logra entender
por qué ese hombre cuenta pasos,
colecciona relojes dañados
y se esconde en garantías expiradas.

Se pregunta y mientras tanto
el anciano se marcha,
no sin antes comentarle:
"Si yo te importase tanto
soltarías la pluma
y me permitirías ser algo más
que una conjetura reciclable
con la que lavas tus manos
y de paso
escribes poemas desechables".

Cuatro gatos

CUATRO gatos realengos
con abolengo de generación perdida
que nunca supieron
contra qué o quiénes combatían,
se echan la culpa entre ellos
aún sabiendo que no supieron
aplicar la teoría.

La esperanza radica en citar héroes muertos
e ideas a prueba de balas
que solo pueden protegernos
cuando vienen revertidas de alma.
Pero esas ideas resultaron muy realistas
o demasiado sacrificadas
como para poder ser digeridas
por la filantropía acomodaticia
de las masas.

A la larga todo fue en vano
y ya no quedaron fuerzas
para levantar el puño en alto
y lograr hacer la diferencia.
Resultaba muy difícil ver algo
en esclavos que no querían liberarse,
fue entonces cuando los cuatro gatos se marcharon
por sendas desiguales.

El primer gato "sentó cabeza"
y luego se sentó sobre esas ideas
antes justas
y ahora ilusorias,
mas no quiso aceptar la derrota
y tomó un avión a su norte de repuesto,
partiendo de la premisa
que las cosas son menos feas
cuando se observan de lejos.

El segundo y el tercer gato
se encerraron en un salón de clases
a realizar trabajo para engordar sus resumés
y, aunque de vez en cuando solían acordarse
de las cosas que no se atrevieron a hacer,
la culpa tendía a aplacarse
con un simple y llano: "traté".

El cuarto gato aguantó el empuje.
Eso le ocurre a quien descubre sus grietas;
a las personas que se niegan a tragarse sus palabras
y no se subastan por unas monedas.
Él no optó por refugiarse en un salón,
ni en un avión a prueba de alas,
sino que en cambio dejó de vagar por dentro de sí,
expropiando así ecos,
simulacros, miradas.

Y según me cuentan murió de pie
y con la tranquilidad de saber
que no le debía nada
a sus palabras.

La voz del servicarro

DETENGO el carro,
bajo la ventana
y una voz entrecortada
me corta el aliento.

Quizás no entienda
la mitad de sus palabras
por culpa de la estática
o de mi prisa automatizada
por ponchar a tiempo,
pero lo que dijo
abrió mi alma.

Por fin alguien me pregunta:
¿Qué quiero?

Historicidad

*El único deber que tenemos con la historia
es rescribirla.*

Oscar Wilde

SI vivieran en nuestros tiempos...

Freud se haría la operación del cambio de sexo.
Platón no podría distinguir dónde está la caverna.
Judas sería un cabildero.
Napoleón soñaría con invadir otro planeta.

Neruda no encontraría tan largo el olvido.
Da Vinci sería un hacker.
Marx odiaría al marxismo.
Foucault analizaría el voyerismo de los intelectuales.

Zapata le daría un fusil a cada "mojado".
Washington haría ilegal la prueba del polígrafo.
Galileo probaría que el hombre moderno es cuadrado.
Nietzsche haría campaña a favor del suicidio.

Shakespeare borraría a Romeo y escribiría "Juliet & Julieta".
Miguel Ángel volaría en cantos el museo de arte contemporáneo.
Gandhi haría huelgas de hambre auspiciadas por PETA.
Luther King lucharía para que la gente deje de soñar tanto.

Einstein preferiría dividir a Dios que a un átomo.
Moisés y sus mandamientos serían otro *spam* súper trillado.
Albizu Campos estaría preso en Guantánamo.
John F. Kennedy sería amante de Lady Gaga.

El Che habría sido asesinado en la Franja de Gaza.
Hitler buscaría un virus para adueñarse de La Red.
Bolívar organizaría el *Mochaccino Latte Party*,
Darwin le pediría disculpa a los chimpancés.

Tres a.m.

Su voz lo inhala...
Despedaza las sombras,
se cuela entre grietas.
El silencio lo juzga
sin darle respuestas.
Una luz opaca
serpentea,
besa su alma
y la congela.
Las cortinas dibujan
bailarinas muertas.
La tele se apaga
y sin dejar de mirarle
toca su nada
y no halla qué más robarle...

Credo

CREO en el silencio que precede a cada grito
y en el infinito que lucha
contra el tiempo y el espacio.
Creo en el génesis de un suspiro
y en el insomnio proscrito
que se niega a deshojar lo que ha besado.

Creo que el amor cabe
en una gota de sangre.
Creo en los pasos que se sublevan
contra los mapas que los crearon…
Creo que no es justo decir que es tarde
tan solo porque los relojes
así lo acotaron…

Creo en no seguir creyendo
para que me crean.
Creo en no creerle
a ningún "tal vez".
Creo que cada silencio es una respuesta,

Pero no creo en nada
ni en nadie
que me obligue a creer…

Al margen del silencio

I

ESTÁ orgulloso de su Irak,
aunque mató niños y ancianos.
Pero se suele desvelar
oyendo gritos y disparos.

Está cansado de las sombras que le siguen,
se autoinflige gritos rotos que lo flagelan,
se sienta al borde de su cama y se repite:
"Yo tan solo cumplo órdenes"
y así recobra el sueño y se acuesta.

II

Sentimos vergüenza los unos de los otros.
No nos vemos a los ojos, pues tememos encontrarnos.
Nos abofeteamos al virar el rostro
y al surgir preguntas, cual cobardes nos marchamos.

Me pregunto...

¿Será que la guerra en verdad es un arte?
¿Será esa imagen de algún videojuego?
¿Será que si opinas tendrás que juzgarte?
¿Seremos acaso repuestos?

¿Será que la paz jamás ha existido?
¿Será que la guerra define lo humano?
¿Será que en el fondo todos somos asesinos,
o será que, acaso, somos demasiado civilizados?

V.I.P.

Es rico,
frío, racista
y comemierda.
Como era de esperarse.

Su centro de comando no se puede definir.
Su *expertise* consiste en poner y quitar gobiernos
y en un montón de acciones en varios diarios.
Tiene amigos y socios en cada noticiero
e invierte su dinero en recursos publicitarios.

La tristeza lo acoge cuando escucha de una baja,
de una baja en la bolsa de valores.
Por eso cuando la economía está en picada
consulta un atlas, y declara enemigos
a países destruidos por sus políticas exteriores.

Las cincuenta estrellas de su bandera
fueron sustituidas por logos corporativos.
Solo él lo sabe, aún nadie se da cuenta,
pues la gente sigue atenta a sus eventos caritativos.

Tiene un ejército compuesto de niños y campesinos
que desgastan sus vidas por centavos,
de este modo mantiene en pie su economía
y dormido al gran sueño americano.

Carga en su pecho majestuosas condecoraciones,
otorgadas por emporios transnacionales.
Su agenda se compone de sobornos, expropiaciones
y de proyectos destinados a refinanciar el hambre.

Se parece a lo que aspiras ser como persona.
Representa lo que te hace ignorante al llenarte de fe
y posee tal control de las cosas, que cuando votas,
sin importar por qué partido o candidato lo hagas,
estás votando por él.

Personas

CREÍ en una promesa,
que recogedor y escoba en mano,
barrió los pasos que no dio,
deshojó flores de plástico
y esbozando un táctico teorema
se dijo adiós
y se perdió en respuestas.

Compartí con una pareja
que vivía vidas prestadas
y se alquilaban miradas sin filo
que terminaban por cobrarse
a sí mismos.

Conocí a un individuo
que era como una onda expansiva,
de esas producidas
por una piedrita lanzada al agua.
Alteraba la paz,
mas luego se perdía en su redundancia.

Conocí un quincallero de palabras
que hacía refugios de los significados
para luego esconderse en ellos.
Mas llegó un punto en que la esperanza
ya no aguantó tanto silencio
y mandó a todos pal' carajo
aún sabiendo
que el auditorio era un rebaño de maniquíes
y la partitura un concierto de ecos.

Caja de recuerdos

TODO era más fácil
cuando la muerte me asustaba,
y los dueños de esta farsa eran invisibles.
Cuando la palabra libre significaba ir de compras
y una alcoba era mi utopía.

Todo era más sencillo
cuando regalaba flores, peluches o chocolates,
y el problema más relevante
estribaba en qué ropa iba a usar.
Cuando tan solo bastaba con preguntarles
¿dónde quieren ir a cenar?

Todo era más veraz
cuando andaba a pie por las calles,
y el aire gris retaba mis expectativas.
Cuando el contraviento solía despertarme
y la noche y la mañana podían ser una misma.

Todo era menos pesado
cuando el por qué y la esperanza eran uno,
y unos muslos trazaban el camino.
Cuando al grabar mis iniciales en un arbusto
solo veía unas letras y no a mí mismo.

Todo era menos complicado
cuando el camino se hacia al andar,
y los mapas se labraban sin salidas.
Cuando las copas brindaban por brindar
no en pese a que estuviesen vacías.

Todo era más real
cuando al hablar no usaba palabras eruditas,
en pos de inflar significados desechables.
Cuando la vida y la muerte no eran una misma
y el silencio no le pertenecía a nadie.

Vitrinas

"Existe gente que está tan llena de sentido común
que no le queda el más pequeño rincón para el sentido propio".

Miguel de Unamuno

I

LA corriente ya sin oro,
se arrastra cual despojo como puede.
El silencio desenvuelve su fatiga
y nadie mira
ya que ello implicaría detenerse.

Es de día,
mas todo el mundo duerme.
Las manos que no trabajan
se ensimisman y auto-alaban,
se marchitan desgastadas
persignándose a su suerte
y se entumecen
ya que haciendo todo no hacen nada.

II

La insomne nación "politeístamente" devota,
se derrota antes de dar la batalla.
Casi endémica, inerte, contradictoria se calla
cual si diera a entender "ya nada importa".

Un país que se rinde
suele reírse de su miseria,
y de este modo es que se hereda
indiferencia y dejadez.

Vive de la idiotez y del cuento
sin saber qué le pertenece
y justo cuando cree que crece,
es cuando se está hundiendo.

Es de memoria corta,
y se conforma con las migajas de mesa.
Justo cuando cree que pare, es cuando aborta
y cuando cree que reflexiona, mata la conciencia.

Se sentencia de antemano con sus vicios,
para luego proclamarlos necesarios.
Satisface los desfases de sí mismo
añorando ser la copia de su amo.

III

Se mina el aire de un peso hueco.
Disemina el silencio espacios vacíos.
Su frío se palpa en los ojos sedientos,
el "nunca" se arrastra a merced de un suspiro.

Vitrinas de hambre absorben tu aliento,
momentos en coma gravitan anclados.
Domésticamente ocupas tu asiento,
los muros de siempre trazaron tus pasos.

Perdido o hallado, sin fuego en las venas,
defiendes la espera que viste tu ocaso.
El sueño mal pago del cual hoy reniegas
cual alma se aleja dejándote en blanco.

El hambre supuesta a darte aliento,
se acuesta sedienta en algún mostrador.
Tú mismo lo sabes, mas aún no lo aceptas
y así alimentas tu inercia interior.

Caminas ausente, sin un rumbo fijo,
viéndote en el vidrio de algún escaparate.
A lo lejos asemejas una voz que pide auxilio,
mas te veo de cerca y pienso que ya es tarde.

Te vistes con vitrinas que traduces en espejos,
te miras indigesto sin saber tu procedencia,
te aletargas consumiendo escupitinas de consuelo
 y ametrallas con quincalla fluctuaciones de conciencia.

Tu ignominia enmarcada en tu androcracia,
se jacta y se sacia al nombrar lo profano.
Sin notar que mientras más cosas señalas
te autoincluyes en lo ajeno y te excluyes de lo humano.

Sumergido ya en una eterna huida,
te das cuenta al hacerte un auto-examen,
que solamente te quedan vitrinas,
que solo ahí es que podremos encontrarte.

Voy a escribir...

VOY a escribir un manual de "moto ayuda"
para reeducar a las personas
que han leído libros de "auto ayuda".
El manuscrito se va a titular:
"Enema literaria para contrarrestar
la enajenación causada
por el terrorismo democrático".

También escribiré el prefacio
de un *Best Seller* de farmacia
redactado por un tecnócrata hipermotivacional
con un problema más grande que la ignorancia:
Sus ganas de querer ayudar...

Luego redactaré un libro titulado:
"El Secreto del monje que cambió su Ferrari
por el código inscrito en un gistro amarillo *X large*"
y en vez de hablar sobre doce pasos,
hablaré de doce pases
para alcanzar la felicidad.

Y ya entonces
cuando me canse de hablar mierda
y de vender "ilusiones necesarias"
escribiré un poema
que resuma toda mi obra literaria
y seré poeta, puta, verdugo,
subterfugio, proxeneta, paria
no más que una excusa perfecta

un vaticinio de la nada
una lágrima sin nombre
que vestirá tus frustraciones
y te venderá sus palabras…

Portátil

OBTUVO lo que quería…

Una ventana vacía
con un marco mohoso
donde el reflejo de la nada
pernoctara en primera fila
al filo de sus ojos.

Su tacto poroso vertía llagas
que cual caleidoscopio
lo observaban
trenzar el mundo.

Mas llegó el momento en punto
en que una coma
presagió tres puntos suspensivos…
convirtiendo al mito en esperanza
y a la nada en vicio.

Fue así que nació su libro:
mientras el tiempo lo traicionó
en aquella habitación sin mástil;
mientras procuraba fabricar
una soledad portátil.

Contrato

Fuerza de gravedad

FUE muy triste...
ver tu inocencia morir.
Contemplarte sucumbir
en pasarelas sociales.
Ver la esperanza inmolarse
con una sonrisa de aceptación.
Saber que al final de la función
solo aplaudías para acallar al silencio.

Fue muy triste...
supurar los restos de una mentira sincera.
Entender que tu espalda
me había dicho más que tu mirada...
cuestionarme cuál debía ser un buen final
para este poema
y así, de la nada, comprender
que la fuerza de gravedad
también le aplica a las palabras.

Róbame una palabra

"En última instancia
lo que amamos es nuestro deseo,
no lo deseado".

Friedrich Nietzche
en, *Más allá del bien y el mal* (1886)

ME indigestas con gestos incipientes
carentes de alma,
que apenas palpan
la redundancia en tu silencio.
Lo curioso del caso
es que no estás callada
sino encerrada
en un monólogo de espejos
que jura que dibujar una cama
es dibujar un sueño.

Y yo tan solo quiero
que me robes palabras.
Que estando atenta,
mas sin estar pendiente,
construyas una pendiente empinada
con rostro de batalla
y garras de corriente.

Tan solo quiero
que me robes un verso
y, al hacerlo,

me hagas saber
que no existe diferencia alguna
entre volver a nacer
y volver a no ser.

Solo quiero que desbarates
mis imágenes acústicas más versadas
y que en vez de decirme
que al leerlas te encontraste,
me digas que te perdiste
en su fría resonancia.
Y si te pido que me robes
una palabra,
es porque sé lo que implica
tener que ir
a rescatarla…

Alas de viento

"A veces, el silencio
es la peor mentira"

Miguel de Unamuno

TIEMBLA el silencio,
y gotas secas rompen notas de guitarra.
Alas de viento...
mueren de frío y se convierten en metralla.

Bebe sus sueños,
pero la sed se empeora y desamarra
mares de tinta
que mezclan trizas y sonrisas que se atacan.

Muere una musa,
que está de parto aunque no está encinta.
Nace un reparto,
que se compone de regresos y partidas.

Toca sus labios,
para mojar sus dedos con restos de aliento
que zozobraron
cuando hallaron redundancia en el silencio.

Coses sus pasos,
con mil suspiros que inhala y no exhala,
queda bien claro,
por no querer perderte es que no se halla.

Miradas de porcelana

"El tiempo es con lo único
que deberíamos ser egoístas".

Gazir Sued

No puedo explicarte a Silvio ni a Sabina;
debes sentirlos,
palparlos más allá de las fronteras de la rima.
Así como los pasos barajan espejos rotos con espejismos,
así mismo es que debes tratar a la poesía.

Tampoco puedo ser el salvavidas
que subsane la hemorragia de imágenes vacías
que mecanizan tus versos.
Eso quedó evidenciado el día en que tomé tu sonrisa
y la monté en un marco para decorar tu silencio.

Ya no puedo ver si combinan los zapatos con la cartera
o si el pelo largo no está de moda.
No creo que lo entiendas,
pero me atiendes tanto que me ignoras.

Así como así me preguntas:
"¿Cómo debe ser la mujer de tu vida?"
Yo respondo:
"Un poema sin palabras…"
El silencio petrifica tu sonrisa
y sumo otra pieza más a mi museo
de miradas de porcelana.

Huellas

"El silencio es el último esfuerzo de la nada para ser algo".

Mario Benedetti

El frío de un pasillo de hospital
se impregna en la inocencia de una niña
acostumbrada a llorar
a través de las sonrisas.

Un ataúd de muñeca encierra sus palabras.
Una lágrima da fe de que hay viva
y un suspiro se columpia en la esperanza
de poder hallar un punto de partida.

Un sueño recién nacido yace descalzo
arrastrando una chiringa que apenas vuela.
Un campo minado besa sus pasos
y susurrando le pregunta ¿A qué juegas?

El tiempo no existe en sus labios,
allí solo quedan rastros de palabras muertas.
De qué valdría decirles de quién hablo
cuando apenas la conozco
por sus huellas.

Tu firma

SIN el pulso necesario
calibro el aliento derramado
por cada paso que no di
y así como así me hallo
mendigándole a un extraño
que está cansado
de parecerse a mí.

Cámara en mano
y harto de escribir,
enmarco con mis dedos
un boceto de tu devenir.
Mas justo cuando creo
que te atrapo,
me convierto en un cuadro
sin repisa
pintado con mi sangre
aunque tasado
por tu firma.

Evidencia

No existe ningún álbum de fotos
escondido en el fondo de algún baúl polvoriento,
dispuesto a aflorar vestigios de "buenos tiempos".

No tenemos una canción que evoque recuerdos,
ni un arpegio que nos desnude
en la cumbre de un suspiro...

No tenemos taquillas de cine, de conciertos, o postales,
ni tan siquiera una fecha importante
que nos permita burlar el olvido...

No contamos con testigos,
ni con amigos en común que relaten nuestra historia
y nos conviertan en ficción...

Pero tal vez lo peor,
es que ya concluida esta enumeración de carencias,
no podemos justificar tanta abundancia
dentro de tanta ausencia ...

Cómo escribirle un poema
a nuestros encuentros con hora de llegada y de partida
o a nuestra injuriosa colección (des)tiempos
y llamadas perdidas...

¿Cómo regalarle un mapa a la cobardía?
cuando las salidas de emergencia que diseñó el miedo
me utilizan de carnada y de trofeo...

¡Cómo entender que todas estas preguntas
son el primer impedimento!
Cómo entender que si no puedo escribirle un final
a este poema
es porque aún no he podido dejar de creerle
a tu silencio.

P.D. Si en realidad nos amamos tanto,
¿por qué todos los poemas que nos dedicamos
en realidad están dedicados
a la soledad?

Reloj de arena mojada

I

Lo que se oculta se rebela
y se revela …

II

Exhalas sobre un vidrio,
dibujas caminos
sobre tu aliento
y cual yin yang de fuego y frío
amarras con remolinos
porqués ajenos.

Procedo a besar tu llanto
y a beber el parto de cada herida,
reviso tu reparto
y encuentro a mil guionistas
escribiendo tu epitafio
y borrando a la artista.

Tu reloj de arena mojada
cual avalancha en cámara lenta
deja huellas sin alma
que te agrietan.

Me niego a pensar en el peso
de unas palabras
que no se equipara

a tus acciones.
Me niego a sentir el mundo
de una mirada
llena de naufragios,
salvavidas y timones.

Me niego el porqué
de cada silencio
y cada vez que me niego,
te invento.

Hoy que te siento
entre el eco de tus palabras y tus acciones,
entre un hola y un adiós que se contemplan,
tan solo quisiera saber
si fuiste algo más
que un poema…

Biblioteca

No hay preámbulo poético
que sirva de coartada,
para dale paso a una nada
atestada de glorias discursivas,
de intrigas secas...

Las hojas sueltas
que un día fueron nuestro libro,
ya no son más que avioncitos de papel
arrastrados por el aire
que no exhalamos...

La oscuridad salvaje
en la que un día jugamos a no ser,
no era más que una bombilla rota.
No más que una coma mal puesta,
supuesta a estirar un tal vez...

No sé cuánto intuimos o razonamos.
No sé si eres Irene, Susanita o María Antonieta.
No sé por qué el silencio
insiste en ser tu aliado,
máxime, cuando el único lugar
que había guardado para vos
había sido en mi biblioteca...

Batalla

I

SUS palabras mueren a los pies de su boca,
volver a sí es caminar hacia atrás
y al parecer esa derrota
es lo único que la hace sentir mortal.

II

Sos simplemente una ola
que se desploma en la orilla
y no sabe regresar al mar.

En vez de ser un niño anciano
que se burla de los años
y jugando
aprende a madurar.

III

Sos un sueño en posición fetal.
Migajas de pan sobre una musa.
Casi un monólogo,
una rutina.
Adelantada en el pasado
y atrasada en el presente.

Sos un artista
enamorado de su propia creación.
Un minuto eternizado en una espera,
un recuerdo que depende del olvido,
una guerra,
que no desea ver el rostro
de su enemigo.

Sos un vuelve
enterrado en un ¡hola!,
una alcoba,
un rosario.

Sos las luces de los carros y los postes,
las sumas apostándole a las restas,
una hoguera que en la noche se carcome,
una espera que se ve y no se encuentra.

Sos una llama inundada por tu sombra,
una guerrillera con traje de noche,
una utopía a punto de implotar,
un cuarto con marcos vacíos.

Sos un camino bordado con tropiezos,
una gárgola de hielo que en las noches se derrite.
Sos el tiempo imperceptible
que se para y nos separa.

Sos una gota de rocío
que se rompe en el cemento,
a lo lejos pareciera que respiras,
mas de cerca te evaporas en silencios.

Sos notas de violines y de chelos,
un crescendo desgastado.
Sos un soldado sin guerra,
que aún guarda la esperanza
de que una bala perdida lo hiera
y así al fin pueda
hallar el rumbo a casa.

En nombre del silencio

PEDÍ la palabra
en nombre del silencio.
Rocé la punta de mis dedos
contra el filo de sus pausas.

Dediqué una mirada perdida
a su tristeza inundada
y aunque su nada
ya lo había dicho todo
miré el solsticio de sus ojos
con la esperanza
de hallar esa palabra
que lo callaba todo.

Pero cada intento fue infructuoso
pues sus gritos pantomimos
no supieron explicarme
si quería despertarse,
o tan solo escuchar
cómo se rompía su alma.

Pedí la palabra
en nombre del silencio
porque el olvido
nunca me miró a la cara
ni me advirtió
que lo que callara
tarde o temprano
sería usado
en mi contra.

Podría escribirte un poema de amor

I

UN verso es una palabra planeada,
una mirada, una palabra sin voz;
un grito es una palabra desnuda
y una duda, una palabra
que desanda a la razón.

II

Podría escribirte un poema de amor
lleno de imágenes y metáforas.
Con crescendo de palabras, remembranzas
y fuegos artificiales.
Tendría luciérnagas, auroras,
e incluso una hermosa ensenada.
Podría adornarlo de una prosa
surrealista y sofisticada.
Contaría con una pausa
estratégica e intrigante
que fácilmente podrá disimular
el vacío de nuestra hambre.

Podría escribirte un poema de esos
ajenos al sudor y a la sangre.
Enmarcado en clichés, manifiestos
y momentos memorables.
Tal vez diría "quisiera" o "lo lamento"
o quizás diría "recuerdo" o "besadme".

De seguro hablaría de tus ojos
o de cómo tu amor suele inspirarme.
Aunque no descarto un final tempestuoso,
irreverente al punto de ser provocativo,
intencionadamente sedicioso
y seductoramente prohibido.

Podría escribirte un poema reflexivo
y hacer una lista de mis derrotas.
Hablaría basura de las heridas
y luego convertiría las restas en sumas.
Tampoco olvidaría hablar de la esperanza
ni de mis épicas batallas plagadas de causalidades.

Diría todo sin decir nada
y te aseguro que nadie podría percatarse.
Propondría soluciones falsas,
idealizadas, ininteligibles y ajenas a la vida
y apuesto que, aunque no entiendan una sola palabra,
servilmente aplaudirían.

Podría escribirte un poema de esos, pero no quiero.
Ya no tengo más teorías bajo la manga.
No me queda otra opción que ser sincero
y decir que el tiempo es una farsa.

Decir que cuando odiamos a alguien
es porque creemos que tiene algo que nos pertenece
y que si no logras hallarte es porque aún no te mereces.

Decir que sentirse solo es no encontrarse en los demás
y que el olvido existe en la medida en que deja de existir.

Decirte que si no me encuentras donde me solías hallar
es porque probablemente nunca estuve ahí.

Decir que las palabras existen porque existen los gestos
y cada gesto es un mapa del alma.

Decirte que el amor existe si sobrevive al silencio
y el silencio es un eco que proviene de tus entrañas.

Decir que amar es rendirse al mismo tiempo
y el tiempo, como ya te dije,
es una farsa…

Las ruinas civilizadas

NUESTRA soledad...
es la suma de las ausencias ajenas
y la resta de las propias...

¿Por qué la niegas?
¿De qué te vale saber dónde se encuentra
si solo sabes quererla a solas?
¿Por qué construyes castillos de arena
que luego le ofrendas a las olas?

No te mientas...
No releas más poemas redundantes
Ni te regales otro manual para fabricar silencios.
Las facturas del tiempo no son reembolsables.
Las fracturas del alma son mapas de espejos.

No te engañes...
No existen márgenes en las páginas cuadriculadas,
ni ruinas civilizadas que no indigesten.
No creas en portavoces de esperanza
que adornan la nada
con sonrisas inertes.

No te falles...
No escondas tu mundo dentro de otros mundos,
ni confíes en porqués que lleguen tarde.
No labres bocetos que idealicen lo injusto,
ni le creas a silencios
que se vistan al gritarte.

Ruiseñor

No seas como el ruiseñor
que le preguntó al cemento por la primavera.
No anestesies a ningún cadáver.
No dediques ningún poema
cuando sientas que ya es demasiado tarde…

No escribas versos indigestos de preguntas
No describas la desnudez
que debieras comerte a besos.
No me juzgues si mis dudas
las utilizo cual amuletos…

No permitas que la marea te desgaste
o que el paso de la corriente defina tu forma.
No les pidas deseos a las estrellas fugaces
ni les hables a las piedras sin antes comprender
por qué es que ya no son personas.

Siembra

SIEMBRA en las trincheras,
en las manos abiertas
y en los puños.
Siembra aunque no haya tierra,
o la marea reclame lo suyo.

Siembra en las tormentas,
en las semillas,
y en las bocas sedientas
repletas por colmenas
de cenizas.

Siembra en el filo de las respuestas,
o en la tempestad de una promesa
que aún late.
Siembra en las mechas encendidas
por la correntía de un mar de sangre.

Siembra en las cicatrices
carcomidas por la memoria.
Siembra preguntas
sobre cada pregunta
disfrazada de gloria.

Siembra laderas
cuando creas que no hay cimas por ser trepadas.
¡Siembra por siempre!
Aunque creas que la muerte
ya no puede arrancarte nada.

Maquillaje

ME gustas sin andamiajes...
Sin maquillajes retóricos que te diluyan,
ni partituras decorativas que anuncien tu llegada...

Me gustan tus pausas,
tus palabras a medio decir
y esa imposibilidad de fingir
que convierte en un reto
tan solo observarte...

Me gusta cuando renaces...
Cuando deshaces el silencio con tu sonrisa
mientras miras por encima de tu hombro
apuntando a la nada...

Me gustas exhausta,
con el alma a cuestas.
Entre espirales de luz mañanera sobre tu todo...
Sin las certezas que destiñen lo esencial
y nos convierten en despojos...

Me gustas sin glorias ni epígrafes
que arruinen las despedidas.
Me gustan las imprecisiones que precisan
tu condición humana...

Me gustas atardecida...
Convencida de que cada una de las verdades
que se lleva el viento

regresan como ráfagas huracanadas…
Con ese aire de esperanza
que me instiga a decir:
Te pareces al poema
que aún no he podido escribir.

Luna

Nació y con ella nació una llama blanca.
Tocó tu alma con gotas de rocío.
Cuando reía el tiempo se paraba.
Su luz calaba por todos los sentidos.

Era una pausa tan justa y necesaria,
una balada que detenía el tiempo,
una princesa de un cuento de hadas.
Su aroma hablaba en nombre del silencio.

Cuando la observas te enreda su mirada,
Guían tus pasos su mapa de latidos.
En su irradiante ternura uno se hallaba,
de su sonrisa renace el infinito.

Entre capullos de vida y esperanza,
siembra inocencia en las grietas de la vida.
Su olor te arropa, se impregna en el alma
y no se marcha hasta ver una sonrisa.

Es una lluvia que hidrata y purifica,
una niñita traviesa y juguetona.
Es una llama que ni el olvido eclipsa.
Es un poema inspirado por la Luna.

A cuatro pasos

Estás a cuatro pasos de distancia
sentada de costado en el sofá.
Vistes una camiseta blanca
que esculpe tu silueta en la humedad.

Te inclinas y me miras a los ojos,
te estiras y sonríes cual traviesa
y cae la manga izquierda por tu todo
mientras la habitación se hace pequeña.

Te paras y caminas en puntillas
debido al frío inmerso en las losetas.
Te sientas sobre mí y sin más palabras
me das un beso y cierras mi libreta…

Olor a sed

DIEZ garabatos,
fecha,
locación.
Cliché de capital extranjera.
Ciudad tan ajena
como mi enajenación.

Noción de tacto
atrofiada por algo
que dormita.
Valijas
a medio vaciar
en clara señal
de la corta estadía.

Tanta diatriba
para enunciar
cómo me encanta extrañar
ese olor a sed
que nos cohabita.

Heredia, Costa Rica
Verano 2015

Mirada a contra piel

SUELE suceder
que pronuncias miradas
y en el proceso construyes
castillos de libretas empolvadas,
ecos sin proceder,
y esperanzas inscritas
sobre la elasticidad desahuciada
de un tal vez.

Mas puede suceder
que un día,
así,
de la nada,
levantes la mirada
a contra piel
y sin saber lo que ocurre
comprendas
que no hay nada que entender.
Que solo basta con saber que es ella,
que obviamente es ella,
que es, sin dejar de ser.
Que es la musa
por la cual depones la tinta
y el papel,
y a la vez, es algo más que una palabra
por recorrer.
Que simple y sencillamente te llena verla
y abres la puerta
y ves...

Contrato

No firmes ningún contrato…
que deshoje escapularios
o delegue responsabilidad a los relojes.
Que siga a los ecos sedentarios
o te escampes de las lágrimas sin nombre.

No firmes ningún contrato…
que arroje espejos a los precipicios
o le exijas a las manos vomitar palabras.
No firmes sobre el vidrio
en que tengas posada tu mirada.

No te escondas detrás de condes,
de montes
o de cristos.
Nunca apuntes con la nada
ni lapides la voz de tus instintos.
No construyas trincheras en tu cama
ni asesines la sed de los molinos.

No cantes himnos que inunden lo que mataste.
Comprende que la luz al final del túnel
es un espejo
y no un camino.
No le hagas autopsias a porqués flagelantes
ni te vistas con las sobras de tu canibalismo.

Te propongo,
que quemes las naves en altamar
y regreses a ti nadando.

Te propongo,
que cuando termines de leer,
rompas este papel
y esa sea la firma
de nuestro contrato.

Esta primera edición de
Antropías
se imprimió en octubre de 2015

www.ingramcontent.com/pod-product-compliance
Lightning Source LLC
Chambersburg PA
CBHW030004050426
42451CB00006B/109